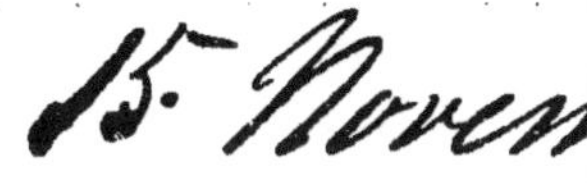 

# VENTE

## DES MARDI 15 & MERCREDI 16 NOVEMBRE 1887

HOTEL DROUOT, SALLE N° **3**

---

# OBJETS D'ART

## DE CURIOSITÉ

## ET D'AMEUBLEMENT

### Provenant du Pérou.

---

## EXPOSITION PUBLIQUE

### LE LUNDI 14 NOVEMBRE 1887

DE 2 HEURES A 6 HEURES

---

| *Commissaire-Priseur* | *Expert* |
|---|---|
| M<sup>e</sup> **PAUL AULARD** | **M. CHARLES MANNHEIM** |
| 6, rue Saint-Marc, 6. | 7, rue Saint-Georges, 7. |

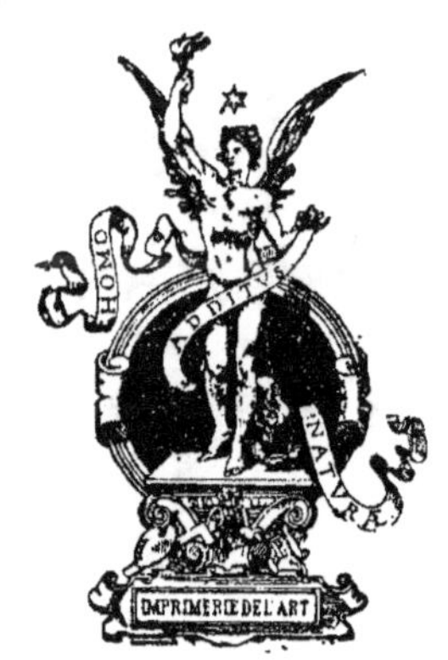

HOMO
ADDITVS
NATVRÆ
IMPRIMERIE DE L'ART

# CATALOGUE

DE

# MEUBLES ANCIENS

## EN BOIS SCULPTÉ

*Et autres incrustés d'écaille et de nacre*

Tels que : Cabinets, Tables, Armoires, etc.

## SCULPTURES

Quelques porcelaines; Faïences; Étoffes; Tableaux; Objets variés

*Le tout arrivant du Pérou*

ET DONT LA VENTE AURA LIEU

# HOTEL DROUOT, SALLE Nᵒ 3

## Les Mardi 15 et Mercredi 16 Novembre 1887

A DEUX HEURES

---

Par le Ministère de **Mᵉ Paul AULARD**, commissaire-priseur

6, rue Saint-Marc, 6

Assisté de **M. Charles MANNHEIM,** expert

7, rue Saint-Georges. 7

---

## EXPOSITION PUBLIQUE

## Le Lundi 14 Novembre 1887, de 2 heures à 6 heures

# CONDITIONS DE LA VENTE

Elle sera faite au comptant.

Les acquéreurs payeront en sus des enchères *cinq pour cent*, applicables aux frais.

L'exposition mettant le public à même de se rendre compte de l'état des objets, il ne sera admis aucune réclamation une fois l'adjudication prononcée.

Paris. — Imp. de l'Art. E. MÉNARD et J. AUGRY
41, rue de la Victoire, 41.

# DÉSIGNATION DES OBJETS

---

## PORCELAINES

1 — Potiche en vieux Chine, décorée de fleurs-arabesques en bleu sur blanc.

2 — Petite potiche en ancienne porcelaine de Chine, décorée de fleurs en émaux de la famille verte.

3 — Deux potiches en ancienne porcelaine du Japon, à riche décor en bleu, rouge, noir et or. Quoique différant de décor, ces deux pièces peuvent se faire pendants.

4 — Plat rond en vieux Chine, décor bleu à rosace.

5 — Perroquet en ancien céladon violet, sur terrasse bleu turquoise.

6 — Vase surbaissé, à ouverture large, en ancienne porcelaine de Chine, fond capucin et médaillons de fleurs.

## FAIENCES ET POTERIES

7 — Vase ovoïde en ancienne faïence espagnole, à décor d'animaux et d'ornements en bleu et jaune.

8 — Vase ovoïde à décor bleu, composé d'oiseaux, de fleurs et d'ornements.

9 — Potiche à col droit, en ancienne faïence espagnole, à décor bleu.

10 — Bassin rond et évasé en terre émaillée, décoré d'oiseaux, de fleurs et d'ornements en jaune, vert et manganèse.

11 — Vase ovoïde, décor polychrome à palmes, fleurs et ornements variés.

12 à 20 — Quantité de poteries péruviennes, variées de formes et de dimensions.

# SCULPTURES

21 — Ivoire. Petit cabinet entièrement en ivoire sculpté, à ornements et animaux en relief. Les poignées et les boutons des tiroirs sont en argent ciselé. Travail des colonies espagnoles. xviie siècle.

22 — Ivoire. Petit Christ sur croix et socle plaqués d'écaille incrustée de nacre.

23 — Ivoire. Deux bas-reliefs représentant : l'un, le Baptême du Christ ; l'autre, l'Ange de la Mort. Cadres en bois incrusté d'ivoire.

24 — Cire. La Vierge à la chaise, d'après Raphael.

25 à 27 — Divers bas-reliefs en bois : saint Michel, saint Marc, etc.

28 — Paire de forts étriers chiliens en bois sculpté.

29 — Paire de petits étriers péruviens en bois sculpté.

3o à 35 — Fort lot de panneaux en bois de cèdre sculpté pour meubles, variés de décors et de dimensions.

36 — IVOIRE. Statuette de Vierge debout, les mains jointes. Travail espagnol. XVII<sup>e</sup> siècle.

37 — ALBATRE. Divers bas-reliefs représentant des sujets religieux, quelques-uns rehaussés de peinture.

38 — Petit meuble à tiroir en ivoire découpé, surmonté d'un clocheton de style gothique, et offrant à son centre un bas-relief en ivoire peint, qui représente la Crèche.

3g — Deux statuettes de négrillons en bois peint et doré. Travail italien.

## OBJETS VARIÉS

4o — Deux gobelets à pieds en cuivre gravé, de travail persan. Ils sont accompagnés de plateaux ronds unis.

4I — Deux oiseaux en verre opaque blanc, formant flacons.

42 — Boîte ronde en argent gravé à fleurs, ornements et oiseaux. Travail des colonies espagnoles.

43-44 — Divers petits bas-reliefs en bronze du xviiᵉ siècle, représentant des sujets religieux.

45 — Peinture à l'huile sur cuivre : la Vierge et l'Enfant Jésus. Dans un cadre octogone en bois noir, garni d'ornements en cuivre doré et découpé à jour.

46 à 48 — Diverses croix plaquées de nacre gravée. Travail de Jérusalem.

49 — Modèle du Saint-Sépulcre plaqué de nacre. Travail de Jérusalem.

50 — Grande croix plaquée d'écaille et enrichie de rosaces d'argent. Elle repose sur un socle monumental garni d'appliques en cuivre découpé et de chatons de verre de couleur.

51-52 — Diverses pièces de verrerie, quelques-unes décorées en couleurs.

53 à 55 — Diverses peintures sur verre : Saints personnages. Dans des cadres en bois doré garnis de plaques de verre peint et doré.

56 — Christ en bronze doré. Italie. xvie siècle.

57-58 — Quelques armes.

59 — Colonnette plaquée d'écaille et incrustée
de nacre ; elle est surmontée d'un petit groupe
qui représente Vénus et l'Amour.

## MEUBLES

60 — Meuble à deux corps fermant à deux portes
et à tiroir, en bois de cèdre sculpté, à vases,
oiseaux et ornements, et enrichi de bandes
incrustées. Ses faces latérales sont placées
obliquement, ses portes sont sculptées à l'intérieur et il est surmonté d'un fronton découpé. Travail des colonies espagnoles au
xviie siècle.

61 — Grand meuble de même travail ; celui-ci,
également à deux corps, ferme à quatre
portes sculptées sur leurs deux faces et a trois
tiroirs. Il est de forme régulière et son fronton découpé se compose d'ornements rocaille
et de rosaces.

62 — Très grand meuble en bois sculpté, à deux

corps, à quatre portes et à tiroirs. Travail des colonies espagnoles au xviie siècle.

63 — Meuble à deux corps, fermant à deux portes séparées par un rang de tiroirs, en bois sculpté à vases, oiseaux et ornements. Il est surmonté d'un fronton découpé composé d'ornements rocaille. Travail des colonies espagnoles.

64 — Meuble analogue à celui qui précède.

65 — Grande table oblongue en bois sculpté, sur pieds décorés d'ornements et à un tiroir. Travail des colonies espagnoles.

66 — Cabinet espagnol à côtés obliques, en bois incrusté d'os et de bois de couleurs. Il présente à son centre le buste du Sauveur, peint à l'huile, et il repose sur une table à pieds tournés. xviie siècle.

67 — Meuble à deux corps et à ressaut, en marqueterie à losanges incrustés d'os gravé. Les extrémités du corps supérieur sont ornées de demi-colonnes torses. Travail espagnol du xviie siècle.

68 — Meuble-vitrine en bois sculpté, fermant à
deux portes et reposant sur une table-console
à colonnes droites. Travail espagnol. xviii<sup>e</sup>
siècle.

69 — Cabinet en marqueterie de bois, reposant
sur une commode à trois rangs de tiroirs,
d'époque postérieure, et formant bureau.
Travail espagnol.

70 — Cabinet fermant à une porte à abattant et
décoré à l'intérieur d'incrustations d'ivoire
gravé, sur fond d'écaille rouge et de peintures
à l'huile, représentant des Saints person-
nages. Travail espagnol. xvii<sup>e</sup> siècle. Il repose
sur une table à pieds tournés.

71 — Cabinet à porte à abattant en bois incrusté
d'ornements en os gravé. L'entrée de la serrure en fer découpé a la forme d'un cœur.
xvii<sup>e</sup> siècle.

72 — Grand cabinet dont la porte à abattant est
couverte de riches incrustations de bois. Les
tiroirs à l'intérieur sont décorés de bas-reliefs
en bois, composés de cariatides et d'ornements découpés. Travail espagnol. xvii<sup>e</sup>
siècle.

73 — Cabinet à tiroirs et à côtés obliques, fermant par des portes, en écaille incrustée de fleurs et d'ornements en nacre de perles. Il repose sur une table à pieds tors en bois noir, avec bandeau incrusté de nacre et d'os gravé. Travail espagnol du xvII[e] siècle.

74 — Meuble analogue au cabinet qui précède. Celui-ci est enrichi de bandes d'os gravé et de colonnettes en bois noir.

75 — Autre meuble analogue à ceux qui précèdent. La frise supérieure de celui-ci, ainsi que l'intérieur, sont décorés de peintures a l'huile.

76 — Cabinet oblong en bois noir, plaqué d'écaille et incrusté d'os gravé et de nacre.

77 — Table oblongue en bois sur pieds tors, placés obliquement, et pourtour sculpté. Travail espagnol. xvII[e] siècle.

78 — Pupitre en bois sculpté et incrusté de marqueterie à étoile et feuillages.

79 — Table rectangulaire sur pieds tournés et dont le pourtour est en marqueterie de bois.

80 — Petit cabinet oblong en bois dur, incrusté d'os gravé, et fermant à une porte à abattant. Les tiroirs sont plaqués d'écaille. xviiᵉ siècle.

81 — Cabinet analogue à celui qui précède. Les tiroirs de celui-ci ne sont pas plaqués d'écaille.

82 — Cabinet dont les tiroirs, plaqués d'écaille, sont incrustés de filets d'ivoire ; la porte, à abattant, a une entrée de serrure en fer découpé. xviiᵉ siècle.

83 — Coffret oblong en bois plaqué d'écaille et incrusté d'os gravé et de nacre.

84 — Coffret analogue à celui qui précède.

85 — Table dont le dessus est enrichi d'incrustations d'os gravé, de nacre et d'écaille.

86 — Table analogue à celle qui précède.

87 — Fauteuil ou stalle en bois incrusté de nacre de perles, à dossier cintré à la partie supérieure et accotoirs terminés par des vases surbaissés en ivoire. Espagne. xviiᵉ siècle.

Il est accompagné d'un tabouret de même travail.

88 — Ombrelle de procession en damas de soie
ponceau, avec long manche en bois et socle
à trois consoles en bois sculpté. xviiᵉ siècle.

89 à 91 — Trois coffres en bois sculpté et incrusté, variés de décors et de dimensions.

92 — Coffre espagnol en bois incrusté d'os gravé
à ornements et animaux ; il repose sur une
table en bois noir à pieds tors.

93 — Très grand meuble fermant à quatre portes,
de forme contournée, en bois peint et décoré
de gravures coloriées représentant des sujets
champêtres. xviiiᵉ siècle.

94 — Grand meuble fermant à deux portes en
bois laqué rouge et décoré, intérieurement et
extérieurement, d'animaux, de monuments et
de figures en relief, conservant des traces de
peinture et de dorure. Travail espagnol. xviiᵉ
siècle.

95 — Deux coffres à couvercles légèrement bom-
bés, en bois uni à l'extérieur, et décorés de
marqueterie à l'intérieur ; ils reposent sur des
pieds sculptés.

96 — Cabinet avec porte à abattant en ancien
laque noir, à décor de feuillages d'or et incrusté de nacre. A l'intérieur, compartiment
fermant à deux portes, renfermant une peinture italienne. xvii<sup>e</sup> siècle.

97 — Coffre oblong en bois sculpté, décoré intérieurement et extérieurement. Il a conservé
ses ferrures du temps. xvii<sup>e</sup> siècle.

98 — Petit coffre oblong en bois sculpté, à ornements, avec compartiment à l'intérieur.

99 — Table basse à quatre faces, sur pieds et
avec bandeau en bois sculpté. Travail espagnol. xviii<sup>e</sup> siècle.

100 — Coffre oblong en bois incrusté d'os gravé,
à sujets de chasse. Ses garnitures sont en argent. Espagne. xvii<sup>e</sup> siècle.

101 — Petit coffre à couvercle légèrement cam-
bré, en bois incrusté de bandes d'os gravé.

102 — Coffre analogue à celui qui précède. Celui-ci est enrichi d'applications d'écaille.

103 — Deux petites tables sur pieds tournés en
bois noir et avec dessus incrustés d'os gravé.

104 — Coffre avec porte à abattant en bois sculpté, incrusté de filets de bois de couleur.

105 — Coffre analogue à celui qui précède, mais sans incrustations.

106 — Coffret carré plaqué d'écaille et d'os gravé, garni d'argent.

107 — Table à pieds tournés dont le dessus et le pourtour en bois sont incrustés de nacre de perles.

108 — Très petite table oblongue sur pieds en bois sculpté, à griffes de lion.

109 — Coffret oblong à couvercle légèrement bombé, en bois sculpté, à rosaces et feuillages, et incrusté de filets de bois de couleur.

110 — Petite table oblongue, plaquée d'écaille et incrustée de nacre, reposant sur quatre pieds cintrés en bois noir.

111 à 113 — Trois malles de dimensions variées couvertes en cuir gravé et gaufré de Cordoue.

114 à 116 — Six coffrets, de même travail, rehaussés de dorure.

117 — Coffre à porte à abattant en bois des îles incrusté de bandes d'os gravé. xviie siècle.

118 — Grand plat en bois peint, portant des armoiries, des fleurs et des animaux. Travail de Quito.

119-120 — Six pièces de même travail, telles que : plat, plateaux et vases.

121 — Grande pendule anglaise avec cage en bois d'acajou, surmontée d'un édicule à colonnes et dôme.

122 — Petit modèle de commode en marqueterie de bois, de forme contournée. xviiie siècle.

123 — Miroir de toilette dans son cadre et avec compartiment à tiroir en bois varié de nuances, et incrusté de cuivre.

124 à 126 — Trois bois de lit, modèle à colonnes en bois sculpté, et dossiers incrustés de bois et de cuivre. Ils seront vendus séparément.

127 — Bois de lit de même forme, également incrusté, mais sans traverses.

128 — Petit meuble en bois sculpté, fermant à
deux portes décorées de rosaces en relief. Il
repose sur une table à quatre colonnes, et
renferme une sorte d'autel portatif en bois
sculpté et doré, enrichi d'incrustations de
nacre et orné d'un bas-relief en bronze doré
qui représente le Christ mort, entouré de
saints personnages. Travail du xviiᵉ siècle.

## ÉTOFFES

129 — Bandeau en soie blanche, avec applications en soie de couleurs et paillettes.

130 — Manteau en drap d'argent, avec fleurs et
ornements brochés en relief.

131 à 133 — Fort lot de guipures pour devants
d'autels, aubes, etc.

134-135 — Divers tapis anciens, variés de décors
et de dimensions. Fabrique de Cuzco.

136 — Divers spécimens de tissus indiens.

137 — Environ quarante mètres de velours de
Gênes à riche dessin Louis XIV.

138 — Dix coussins brodés, variés de dessins.
Travail oriental.

# TABLEAUX

139 — ÉCOLE ESPAGNOLE. Saint Évêque en prières. Dans un cadre en bois sculpté et
doré.

140 à 147 — ÉCOLE ESPAGNOLE. Diverses peintures sur cuivre, telles que : la Sainte Vierge,
saint Ignace, saint personnage en prières,
Sainte Famille, l'Adoration des Rois mages,
le Christ et la Samaritaine, etc.

148 — ÉCOLE ESPAGNOLE. L'Amour rémouleur,
sur bois.

149 à 157 — Divers tableaux sur bois et sur
cuivre, représentant des sujets religieux.

158 à 162 — Diverses peintures sur verre, représentant des sujets religieux.